Die Herrschaft der Salier (1024-1125)

Warum gibt es keinen Frieden nach „Canossa"?

Dilay Gülsoy

Bibliografische Information der Deutschen Nationalbibliothek:

Die Deutsche Nationalbibliothek verzeichnet diese Publikation in der
Deutschen Nationalbibliografie; detaillierte bibliografische Daten sind
im Internet über http://dnb.d-nb.de abrufbar.

ISBN: 9783389018538
Dieses Buch ist auch als E-Book erhältlich.

© GRIN Publishing GmbH
Trappentreustraße 1
80339 München

Druck und Bindung: Books on Demand GmbH, Norderstedt Germany
Gedruckt auf säurefreiem Papier aus verantwortungsvollen Quellen

Das vorliegende Werk wurde sorgfältig erarbeitet. Dennoch
übernehmen Autoren und Verlag für die Richtigkeit von Angaben,
Hinweisen, Links und Ratschlägen sowie eventuelle Druckfehler keine
Haftung.

Das Buch bei GRIN: https://www.grin.com/document/1469218

Warum gibt es keinen Frieden nach „Canossa" ?

Verfasserin: Dilay Gülsoy

Inhaltsverzeichnis

1. Einleitung

Der Gang Heinrichs IV. nach Canossa hätte vordergründig betrachtet den Streit zwischen Papst und Kaiser beenden können. Bis zum Wormser Konkordat vergehen jedoch noch 55 Jahre. In dieser Arbeit wird der Frage nachgegangen, aus welchen Gründen die letzte Regierungsphase Heinrichs IV. keinen Frieden im Reich gebracht hat.

Dazu werden die Geschehnisse skizziert, die die Wahl des Gegenkönigs Rudolf von Rheinfelden betreffen. Im weiteren Verlauf wird auf den Reichsfrieden von 1103 eingegangen. Den Abschluss der Darstellungen der historischen Ereignisse bildet das Kapitel über die Gefangennahme Heinrichs IV..

In einem eigenen Kapitel werden die Ideen dargestellt, die mit dem Begriff Kirchenreform verbunden sind.

Danach werden 3 Quellen analysiert. Sie sind ausgewählt, um die Themen Reichsfrieden, Gefangennahme Heinrichs IV. sowie die Religiosität Heinrichs V. zu beleuchten.

In der Schlussbetrachtung wird eine Antwort auf die gestellte Frage versucht in dem Bewusstsein, dass der Umfang dieser Arbeit der Komplexität des Themas nicht gerecht werden kann.

2. Historische Ereignisse

2.1 Der Gegenkönig Rudolf von Rheinfelden

In Ulm auf einem Fürstentag trafen sich Mitte Februar 1077 Gegner Heinrichs IV. Diese hatten die Absicht, einen neuen König zu wählen. Um weitere Anhänger gegen Heinrich IV. gewinnen zu können, wurde die Neuwahl auf den 13. März nach Forchheim verlegt.[1] Von Heinrichs Gegnern waren folgende anwesend: die süddeutschen Herzögen Welf, Rudolf und Berthold, Otto von Northeim, die Erzbischöfe Siegfried von Mainz, Gebhard von Salzburg, Werner von Magdeburg und die Bischöfe von Worms, Passau, Würzburg und Halberstadt. Gegen Heinrich wurden heftige Anklagen erhoben. Zum einen sollte der Vorwurf des vielfachen Treuebruchs den Widerstand gegen den König rechtfertigen. Zum anderen wurde der Papst in die Verantwortung miteinbezogen. Man argumentierte, der Papst

---

[1] Boshof, Egon: Heinrich IV., Göttingen, Zürich 1990, S. 80.

„(…) habe Heinrich zwar die Absolution erteilt, die Absetzung und die Eidlösung jedoch nicht zurückgenommen."[2] Am 15. März des Jahres 1077 wurde Rudolf von Rheinfelden, der Schwager des Saliers, zum König gewählt. Rudolf von Rheinfelden versicherte dem Papst Gehorsam und bot seinen Sohn und den Sohn des Zähringers Berthold als Geisel zum Beweis für sein Versprechen.[3] Die Fürstenversammlung wollte durch die Wahl einen König einsetzen, der nicht seine persönliche Machtausübung im Auge hat, sondern dem Wohle des Reiches dient. Er sollte auch die Ansprüche und verschiedenen Interessen der Reichsfürsten berücksichtigen, so dass das Reich im Konsens regiert würde. Auch in Zukunft sollte der König gewählt werden und nicht durch Erbfolge in diese Position kommen. Diese Gedanken fanden in dieser Wahl das erste Mal ihren Ausdruck. Rudolf fand jedoch nicht die nötige Unterstützung.[4] Rudolf von Rheinfelden verzichtete „(...) auf die Durchsetzung des Erbprinzips bei der Regelung der Thronfolge; künftig sollte der König in freier Wahl erhoben werden. Selbst wenn ein regierungsfähiger Thronfolger vorhanden war, sollte das Volk sein Wahlrecht ausüben können, und wenn der Sohn des Königs nicht geeignet sei oder wenn das Volk ihn nicht wolle, solle es freie Hand haben, zum König zu machen, wen es wünsche."[5]

Für Gregor VII. blieb jedoch Heinrich IV. nach dem Gang nach Canossa der König. Augustin Fliche folgert aus seinen Quellenstudien, „daß die These von der mit seiner Absolution nicht erfolgten Wiedereinsetzung Heinrichs in das Königtum nicht vom Papst stammt, (...)".[6]

Im Jahre 1080 verlor Heinrich der IV. bei der Schlacht an der Elster gegen Rudolf von Rheinfelden. Dieser starb aber an den Folgen einer Verletzung, was von vielen Zeitgenossen als Gottesurteil aufgefasst wurde. Ihm war die rechte Hand abgeschlagen worden, mit der er Heinrich IV. die Treue geschworen hatte. Dies mag den Glauben an ein Gottesurteil begünstigt haben[7].

---

[2] Ebd., S. 81.
[3] Ebd., S. 82.
[4] Körntgen, Ludger: Ottonen und Salier, Darmstadt 2002, S. 105 und Boshof, Egon: Die Salier, Stuttgart 2000, S. 237.
[5] Boshof, Egon: Heinrich IV., Göttingen, Zürich 1990, S.83.
[6] Fliche, Augustin: Hat Gregor VII. in Canossa Heinrich IV. in seine Königsfunktion wiedereingesetzt?, in: Kämpf, Hellmut (Hg.): Canossa als Wende, Darmstadt 1963, S. 264.
[7] Laudage, Johannes: Die Salier, München 2006, S. 85.

2.2 Der Reichsfriede von 1103

Der 1103 beschlossene Reichsfrieden sollte 4 Jahre Gültigkeit haben.[8] Der Reichsfrieden wurde von den Fürsten und dem König gemeinsam beschlossen. Verstöße dagegen sollten mit Körperstrafen geahndet werden. Einige Landfrieden waren diesem vorausgegangen[9]. Die bisherigen Fehden hatten bürgerkriegsähnliche Zustände mit sich gebracht. Der Reichsfriede sollte auch Schwache und Schutzlose vor Gewalt schützen. Das Vorrecht des Adels, „peinliche Strafe" durch Geldzahlung abzuwenden, wurde mit diesem Reichsfrieden außer Kraft gesetzt.[10] Dies bedeutete eine größere Gerechtigkeit durch die Gleichbehandlung von Straftätern unterschiedlicher Standeszugehörigkeit.[11] Dies gibt dem Reichsfrieden unter anderem auch eine rechts-geschichtliche Bedeutung.[12]

„Das fiskalisierte Strafrecht der älteren Zeit mit seinen Möglichkeiten der Ablösung der Strafe durch Bußzahlung, die sogenannte Kompositionsgerichtsbarkeit, benachteiligte die wirtschaftlich Schwachen, mit der für alle Straftäter gleichermaßen geltenden Verhängung von peinlichen Strafen, die den Übergang zur Blutgerichtsbarkeit kennzeichnet, wurden gerade im Hinblick auf die Unterschichten die Voraussetzungen für mehr Gerechtigkeit geschaffen."[13]

2.3 Gefangennahme Heinrichs IV.

Heinrich V. suchte den Frieden mit der Kirche. Er glaubte, dass sein Vater dieses nicht erreichen würde. Der Sohn stellte sich auf die Seite der Adelsgruppe, welche den Werten der Kirchen- und Mönchsreform nahe stand. Hinter dem Bündnis stand ein religiös- kirchenpolitischer Aspekt.[14] Heinrich V. verübte an seinem Vater Verrat, in dem er ihn auf der Burg Böckelheim an der Nahe gefangen nahm. Heinrich IV. geriet also in die Gewalt seines Sohnes. Er zwang den Vater, ihm die

---

[8] Boshof, Egon: Die Salier, Stuttgart 2000, S. 259f. .
[9] Ellrich, Hartmut: Die Salier, Petersberg 2011, S. 20.
[10] Ohne Autorenangabe, keine Titelangabe, in: Hartmann, Wilfried: Deutsche Geschichte in Quellen und Darstellungen. Band 1: Frühes und hohes Mittelalter: 750-1250, Stuttgart 1995, S. 321/322.
[11] Laudage, Johannes: Die Salier, München 2006, S. 94.
[12] Boshof, Egon: Die Salier, Stuttgart 2000, S. 259.
[13] Ebd., S. 260.
[14] Ebd., S. 261.

Reichsinsignien auszuliefern und auf den Thron zu verzichten. In Ingelheim zwang Heinrich V. am 31.12.1105 den Vater vor den versammelten Fürsten zur Abdankung[15]. Der Widerstand der antikaiserlichen Partei um Heinrich V. war unter anderem religiös motiviert. „Dahinter stand offenbar die Überzeugung, man könne sich nur dadurch das eigene Seelenheil sichern".[16] Dass der Bund hielt, auch nachdem Heinrich V. Anfang 1106 eine militärische Niederlage erlitt, begründet Rogge damit, dass man es als Aufgabe ansah, „(...) endlich (...) die Einheit der Kirche wiederherzustellen (...)."[17]

1106 konnte Heinrich IV. nach Lüttich fliehen und bereitete dort den Kampf gegen Heinrich V. vor. Heinrich IV. fand dort Aufnahme und Unterstützung gegen seinen Sohn. Aber am 07.08.1106 starb Heinrich IV. in Lüttich nach kurzer Krankheit. Heinrich IV. hatte von seinem Sterbelager aus seinem Sohn Schwert und Ring bringen lassen und um Gnade für seine Anhänger und um ein Grab im Dom zu Speyer gebeten.[18]

3. Kirchenreform

Eine Reform der Kirche war schon seit einiger Zeit betrieben worden. Aber Papst Gregor VII. war ein besonders starker Verfechter dieser Ideen, die sich zwar nicht mehr zu seinen Lebzeiten aber im Verlauf der Geschichte durchsetzten. Gregor VII. wird als einer der bedeutendsten Päpste überhaupt angesehen.[19]

Die Reformen richteten sich gegen Simonie, die Priesterehe und die Laieninvestitur. Dazu kamen Reformen der Klöster und ihrer Lebensregeln. Dass man durch Geldgabe hohe kirchliche Posten erwarb, scheint unter Heinrich IV. große Ausmaße angenommen zu haben. „Zur Erlangung der Abtswürde waren zu jener Zeit (...) vorrangig Geld und einflussreiche Fürsprecher erforderlich; eine persönliche Eignung und ein vorbildlicher religiöser Lebenswandel schienen dagegen weit weniger gefragt zu sein (...)."[20] Heinrich IV. hat auch in großem Umfang Geldzahlungen der Klöster eingefordert, was Seibert an einigen

---

[15] Ebd., S. 262.
[16] Laudage, Johannes: Die Salier, München 2006, S. 94.
[17] Ebd., S. 95.
[18] Boshof, Egon: Die Salier, Stuttgart 2000, S. 263.
[19] Weinfurter, Stefan: Herrschaft und Reich der Salier, Sigmaringen 1992, S. 127.
[20] Seibert, Hubertns: Geld, Gehorsam, Gerechtigkeit, Gebet, in: Althoff, Gerd (Hg.): Heinrich IV., Ostfildern 2009, S. 284.

Beispielen anschaulich macht. Auch forderte Heinrich IV. Kriegsdienste von den Klöstern[21].

Solche Praktiken entsprechen natürlich nicht dem Bild vom frommen Leben der Mönche und sind einer der Ansatzpunkte für die Reformbestrebungen.

Die Reform der Klöster stieß bei vielen Ordensbrüdern und -schwestern auf Ablehnung. Die neuen strengen Regeln wurden als Zumutung empfunden.[22] Die neuen Regeln waren zu der Zeit, als die Gelübde abgelegt worden waren, noch nicht Gegenstand der Gelübde. Deshalb waren einige Mönche und Nonnen bestrebt, das Kloster wieder zu verlassen.[23]

Hinter all diesen Streitpunkten stand die Aussage des Papstes, dass er allein die höchste Autorität der Kirche sei. Nach Gregors VII. Ansicht ist der Papst in der Nachfolge Petri von Christus eingesetzt, um die Christenheit zu führen. Ungehorsam gegen den Papst wird als Ungehorsam gegen Gott selbst interpretiert.[24] Diese Ansicht stand der Auffassung entgegen, dass auch der König von Gott eingesetzt sei. „(...), der König aber war damit von der Gottesunmittelbarkeit abgeschnitten."[25] Der König hatte bis dahin ja das Recht gehabt, Bischöfe einzusetzen, und die Pflicht, ihre „Libertas" zu schützen. Er nahm damit also höchste kirchliche Machtbefugnisse wahr. Die Frage, wer die Bischöfe einzusetzen habe (Investitur), gibt dem Streit zwischen Papst und Kaiser den Namen. Am Ende setzt sich das Verbot der Laieninvestitur durch, genauso wie die anderen Ziele der Kirchenreform. Auch wenn die Bischöfe zunächst auf der Seite des Kaisers standen, wechselten sie sehr bald auf die Seite Gregors VII. Einige Bischöfe waren einfach nicht loyal. „Bei der Besetzung der Bischofsstühle hatte der König offenbar nicht immer eine glückliche Hand gehabt, und manche seiner Bischöfe waren nicht gerade von glänzendem Vormat."[26] Dazu kam auch, dass für die Bischöfe ein autoritäres Amtsverständnis attraktiv war[27].

Kurz zu erwähnen ist in diesem Zusammenhang auch noch folgendes. „Zum erstenmal in der Geschichte der Christenheit in Europa erfaßte in der zweiten

---

[21] Ebd., S. 291-292.
[22] Esch, Arnold: Wahre Geschichten aus dem Mittelalter, München 2010, S. 110.
[23] Ebd., S. 111.
[24] Weinfurter, Stefan: Herrschaft und Reich der Salier, Sigmaringen 1992, S. 128.
[25] Ebd.
[26] Ebd., S. 130.
[27] Ebd.

Hälfte des 11. Jahrhunderts die religiöse Begeisterung auch breite Kreise der einfachen Bevölkerung."[28] Man gewinnt den Eindruck, dass ein „religiöser Zeitgeist" geherrscht hat, der auch Heinrich V. angesteckt haben mag (siehe Kapitel 5).

4. Quellen

4.1 ohne Titel

Zunächst wird aufgezählt, wer alles den Reichsfrieden schwört. Vom Kaiser bis zu „(…) Grafen und viele(n) andere(n)" werden genannt. Danach werden die Herzöge Welf, Berthold und Friedrich namentlich genannt. Hausfriedensbruch, Brandstiftung, Diebstahl, Körperverletzung und Mord sind unter Strafe gestellt. Als Strafe sind Verlust von Augen oder Händen vorgesehen. Flucht soll mit Enteignung bestraft werden. Bei einem Angriff darf man sich verteidigen. Der Angreifer darf aber nicht unter Schädigung eines dritten angegangen werden. In einem abschließenden Satz wird der Nutzen dieses Friedensschwurs herausgestellt.

Zunächst fällt auf, dass außer dem Kaiser nur die Herzöge Welf, Berthold und Friedrich namentlich erwähnt werden. Dadurch werden sie Heinrich IV. textlich nahezu gleichgestellt. Wenn dies auf ihr eigenes Betreiben geschehen ist, kann man das so verstehen, dass ihre Bedeutung im Reich unterstrichen werden soll. Es würde auch der Idee Ausdruck verleihen, dass die Führung im Reich durch ein Zusammenwirken der bedeutensten Machthaber geschehen solle. Denkbar ist aber auch, dass die namentliche Nennung der Herzöge Welf, Berthold und Friedrich durch den Kaiser selbst angeregt worden ist. In diesem Fall würde man den Vorgang interpretieren als einen Versuch, die Wiedersacher stärker an den Schwur zu binden. Im Falle von Herzog Welf hat dies offensichtlich nicht funktioniert. Er gehörte ein Jahr später zu der Gruppe um Heinrich V., die den Kaiser gefangen nahm[29]. In beiden Fällen wird auf jeden Fall die Bedeutung der Herzöge herausgestellt.

Als zweites ist an dem Text auffällig, dass er von Aufzählungen dominiert wird.

[28] Hartmann, Wilfried (Hg.): Deutsche Geschichte in Quellen und Darstellungen. Band 1: Frühes und hohes Mittelalter: 750- 1250, Stuttgart 1995, S. 317.

[29] Laudage, Johannes: Die Salier, München 2006, S. 94.

Nach dem alle aufgezählt worden sind, die den Schwur geleistet haben, werden die mit Strafe belegten Taten mit den zugehörigen Strafen aufgelistet. Lediglich der letzte Satz, der einer Hoffnung für die Zukunft Ausdruck verleiht, beinhaltet eine Metapher. Der gesamte Text wirkt dadurch äußert nüchtern und bekommt so die Anmutung eines Gesetzestextes.

Als dritte Auffälligkeit ist folgendes zu nennen. In der Aufzählung der Straftaten und Strafen werden unbestimmte Personalpromen (einer/ keiner) verwendet. Dadurch wird die Idee zum Ausdruck gebracht, dass vor dem Gesetz alle gleich seien. Die Bedeutung des Reichslandfriedens von 1103 für die Rechtsgeschichte wird auch in der Formulierung dieser Idee gesehen.[30] Das Vorrecht des Adels, körperliche Strafen durch Zahlung einer Buße abzuwenden, ist damit außer Kraft gesetzt.[31] Man kann sich vorstellen, dass dies nicht auf wirkliche Zustimmung gestoßen sein kann. Hier ist möglicherweise eine Ursache zu sehen, die die Gegnerschaft des Hochadels zu Heinrich IV. befördert hat.

4.2 „H., durch Gottes Gnade erhabener Kaiser der Römer, an seinen Sohn H."

Zunächst sagt Heinrich IV., dass es aus den gegebenen Umständen heraus nicht mehr möglich ist, als Vater an seinen Sohn zu schreiben. Im zweiten Absatz werden die Verfehlungen Heinrichs V. genannt. Diese sind das gebrochene Versprechen von freiem Geleit sowie die Abpressung der Reichsinsignien durch Folter. Heinrich IV. kann keine Gründe für diese Handlungen finden, zumal er ja zu Gesprächen mit Kirchenvertretern bereit gewesen sei. Auch die nötige Ehrerbietung habe er zeigen wollen. Heinrich IV. mahnt Gerechtigkeit ihm gegenüber an und schlägt sachliche Verhandlungen vor. Er gibt Heinrich V. zu bedenken, dass das Urteil Gottes in dieser Sache anders aussehen könnte, als es Heinrich V. sich vorstellen mag. Im letzten Absatz sagt Heinrich IV., dass er sich an den Papst wenden werde, um seine Rechte einzufordern.

Aus dieser Quelle erfahren wir zunächst, wie die Gefangennahme Heinrichs IV. und die Übergabe der Reichsinsignien stattgefunden hat nach seiner Darstellung. Die Vorwürfe, ein freies Geleit versprochen und nicht gewährt zu haben sowie der der Folter wiegen sehr schwer. Vor allem die Täuschung über ein freies Geleit ist

---

[30] Ebd.
[31] Ellrich, Hartmut: Die Salier, Petersberg 2011, S. 20.

ein erstaunlicher Vorgang. Das verfeindete Parteien nicht zimperlich miteinander umgehen ist durchaus üblich. Damit Krieg sozusagen geordnet vor sich gehen und auch beendet werden kann, muss jedoch die Möglichkeit bestehen, dass die Parteien miteinander verhandeln. Wenn man sich nicht darauf verlassen kann, dass einem freies Geleit gewährt wird, drohen Kriegshandlungen auszuufern, da Verhandlungsmöglichkeiten fehlen. Daher wird in der Regel zwischen verfeindeten Parteien freies Geleit gewährt.

Bemerkenswert ist auch, dass Heinrich IV. die Reichsinsignien durch Folter abgepresst werden. Heinrich V. hat den Kaiser in seiner Gewalt, mächtige Fürsten stehen hinter ihm und so hält er die Macht in Händen. Die Reichsinsignien als bloße Symbole der Macht könnten einem entbehrlich erscheinen. Sie sind aber auch außerordentliche religiös aufgeladene Gegenstände. Die „Heilige Lanze" „(...) enthält der Überlieferung nach sogar einen Teil eines Nagels vom Kreuz Christi."[32] Ein römischer Hauptmann habe mit ihr den Tod Jesu am Kreuz überprüft.[33] „Daher soll die Lanze zusätzlich auch mit heiligem Blut getränkt sein, (...)."[34] Sie ist also eine äußerst bedeutende Reliquie.

Auch das Reichskreuz ist von hoher religiöser Bedeutung. Ihm zugeordnet ist eine weitere bedeutende Reliquie nämlich ein Span aus dem Kreuze Christi.[35] Lanze und Kreuz sind dann auch die Reichsinsignien, die Heinrich IV. in seinem Brief ausdrücklich erwähnt.

Heinrich IV. stellt nach diesen Anklagepunkten fest, dass er für das Handeln Heinrichs V. keinen Grund erkennen kann. Es klingt nach echter Fassungslosigkeit, wenn er schreibt: „Wahrlich, wir können kaum fassen, aus welchem Grund und Anlaß du so hartnäckig bist, (...)."[36]

Heinrich IV. formuliert darauf seine Verhandlungsbereitschaft und schlägt vor, mit allen Beteiligten zu verhandeln. Weiter unten sagt er, dass diese Verhandlungen leidenschaftslos geführt werden sollen. Im Einleitungsabsatz spricht er davon,

---

[32] Ebd., S. 105.
[33] Ebd.
[34] Ebd.
[35] Ebd., S. 104.
[36] Heinrich IV., „H., durch Gottes Gnade erhabener Kaiser der Römer, an seinen Sohn H.", in: Hartmann, Wilfried: Deutsche Geschichte in Quellen und Darstellungen. Band 1: Frühes und hohes Mittelalter: 750- 1250, Stuttgart 1995, S. 325.

„die volle Wahrheit der Tatsachen"[37] nennen zu wollen. In diesen Äußerungen präsentiert sich Heinrich IV. als nüchterner Politiker, dem es darum geht, sachlich die bestehenden Probleme zu lösen. Die Worte vom „schuldigen Gehorsam" und von der „schuldigen Ehrerbietung"[38] klingen dagegen doppelbödig. Welcher Art von Gehorsam und Ehrerbietung der Kirche und ihren Repräsentanten Heinrich IV. nun schuldig sei, ist ja im Zweifelsfall ein nicht unbedeutender Streitpunkt. Mit der Behauptung, er entbiete den „schuldigen" Respekt ist Heinrich IV. rhetorisch auf der sicheren Seite, auch wenn seine Gegner anderer Meinung sind. Es entsteht so ein zwiespältiges Bild von Heinrich IV., der sich nüchtern und wahrheitsliebend gibt, gleichzeitig aber sein korrektes Handeln mit möglicherweise strittigen Begriffen beweist.

Im Anschluss an diesen Teil gibt Heinrich IV. zu bedenken, dass das Urteil Gottes in diesen Angelegenheiten anders aussieht, als Heinrich V. hoffen mag. Ausdrücklich deutet er darüber hinaus darauf hin, dass Gott als Richter auch ein strafender Gott ist. Zunächst einmal ist anzumerken, dass eine solche Aussage nur Sinn macht, wenn der Adressat tatsächlich gottesfürchtig ist. Zum zweiten ist die Erwähnung des strafenden Gottes wohl auch auf Heinrich IV. selbst zu beziehen, da er ja auch einer göttlichen Beurteilung entgegensehen muss. Offensichtlich hat Heinrich IV. keine Angst vor Gottes Richterspruch. Er drückt so deutlich seine Ansicht aus, dass er auf der richtigen Seite für die richtige Sache kämpft. So wundert es auch nicht, dass er im letzten Absatz ankündigt, den Papst anzusprechen, damit ihm selbst Gerechtigkeit widerfahre.

4.3 Pactum Heinricianum

Heinrich V. sagt als erstes, dass er auf die Investitur verzichtet, um die Besetzung von Kirchenämtern durch Wahlen geschehen zu lassen. Darauf erklärt er, die Besitzungen der Kirche, die im Laufe der vergangenen Auseinandersetzungen an ihn gefallen sind, zurückzugeben. Auch will er darauf einwirken, Güter aus anderem Besitz einer Restitution zuzuführen. Am Ende dieses Auszugs versichert Heinrich V. der Kirche „wirklichen Frieden" und sagt zu, der Kirche in allen Angelegenheiten zu helfen, bei denen dies erwünscht ist.

---

[37] Ebd., S. 324.
[38] Ebd., S. 325.

11

Als Grund für den Verzicht auf die Investitur gibt Heinrich V. an die Liebe zu Gott, der Kirche und zum Papst sowie sein Seelenheil. Der Papst wird namentlich erwähnt und als Herr über Heinrich V. bezeichnet. Es sind dies rein religiöse Gründe. Da die Gründe in der genannten Reihenfolge stehen, erscheint Heinrich V. als letzter in der Reihe als im kirchlichen Sinn einfacher Sünder. Das er sich selbst jedoch nicht ganz so weit unten stehend sieht kann man aus der ersten Zeile herauslesen. Darin erscheint sein Name direkt nach der Nennung Gottes. Und direkt danach weißt Heinrich V. auf sein Gottesgnadentum hin. Nach diesem Auftakt, der ihn als herausgehobene Person charakterisiert, wird der Tonfall jedoch demütig. Nicht nur die genannte Reihung der Gründe, sondern auch die angekündigten Handlungen „verzichten", „zurückerstatten" und „helfen" sind demütig. Ein weiteres Mal wird der Papst mit Namen und als Herr Heinrichs V. angesprochen. Die Kirche in ihrer Gesamtheit wird immer als heilige römische Kirche angesprochen; in diesem kurzen Auszug von 21 Zeilen immerhin 5 mal.

5. Resümee

Betrachtet man die Regierungszeit Heinrichs IV. nach dem Gang nach Canossa so erblickt man ein Ineinandergreifen von politischen, persönlichen und privat-religiösen Handlungsmotiven. Dazu kommen mächtige Zeitströmungen. Monokausale Zusammenhänge sind kaum auszumachen und die Hauptpersonen entziehen sich einer eindeutigen Beurteilung.

Das Gegenkönigtum von Rudolf von Rheinfelden hat etwas episodenhaftes; nicht nur wegen seiner Kürze. Man erkennt hier das Streben der Reichsfürsten nach mehr Macht. Papst Gregor VII. sieht jedoch Heinrich IV. weiterhin als König an und es entsteht eine schwebende Situation, die durch den Tod Rudolfs ein Ende aber keine echte Lösung bringt. Die Opposition der Reichsfürsten zu Heinrich IV. bleibt bestehen; der Reichsfriede ist als Versuch der Versöhnung offensichtlich ungeeignet, nicht zuletzt durch die Abschaffung eines bedeutenden Privilegs.

Beachtenswert ist die starke religiöse Motivation Heinrichs V.. Der „Pactum Heinricianum" ist fast durchgehend in einem unterwürfigen Ton verfasst. Der Vorwurf Heinrichs IV., sein Sohn habe ein versprochenes freies Geleit nicht gewährt, ist fast nur zu erklären, wenn man echte Sorge um das Seelenheil bei Heinrich V. annimmt. Die Kirchenreform, die eine stärkere fromme Lebensweise und eine geringere Verstrickung in politische und geschäftliche Händel der Geistlichen zum Ziel hatte, scheint Heinrich V. und seine Gefolgsmänner stark in ihrem Handeln inspiriert zu haben. Allerdings wäre es wünschenswert, weitere Quellen hinzuziehen, um Heinrichs V. Religiosität weiter auszuleuchten. Schreiben privater Natur von seiner Hand könnten dabei sehr aufschlussreich sein. Auch die Vorgänge um die Verhaftung Heinrichs IV. könnten durch Aussagen anderer Beteiligter in einem anderen Licht erscheinen und eine Objektivierung erfahren. Zusammenfassend lässt sich sagen, dass die Ideen und Kräfte, die den betrachteten Zeitraum bestimmen, so widerstreitend und mächtig sind, dass das Reich nicht zur Ruhe kommen kann.

6. Literaturverzeichnis:

Monographien:

Althoff, Gerd (Hg.): Heinrich IV., Ostfildern 2009.

Boshof, Egon: Heinrich IV., Göttingen, Zürich 1990.

Boshof, Egon: Die Salier, Stuttgart 2000.

Ellrich, Hartmut: Die Salier, Petersberg 2011.

Esch, Arnold: Wahre Geschichten aus dem Mittelalter, München 2010.

Fliche, Augustin: Hat Gregor VII. In Canossa Heinrich IV. in seine Königsfunktion wiedereingesetzt?, in: Kämpf, Hellmut (Hg.): Canossa als Wende, Darmstadt 1963.

Körntgen, Ludger: Ottonen und Salier, Darmstadt 2002.

Laudage, Johannes: Die Salier, München 2006.

Seibert, Hubertns: Geld, Gehorsam, Gerechtigkeit, Gebet, in: Althoff, Gerd (Hg.): Heinrich IV., Ostfildern 2009.

Weinfurter, Stefan: Herrschaft und Reich der Salier, Sigmaringen 1992.

Weinfurter, Stefan: Das Reich im Mittelalter, München 2008.

Quellensammlungen:

Hartmann, Wilfried (Hg.): Deutsche Geschichte in Quellen und Darstellungen. Band 1: Frühes und hohes Mittelalter: 750- 1250, Stuttgart 1995.

Quellen:

ohne Autorenangabe, keine Titelangabe, in: Hartmann, Wilfried: Deutsche Geschichte in Quellen und Darstellungen. Band 1: Frühes und hohes Mittelalter: 750- 1250, Stuttgart 1995, S.321/322.

Heinrich IV.: „H., durch Gottes Gnade erhabener Kaiser der Römer, an seinen Sohn H.", in: Hartmann, Wilfried: Deutsche Geschichte in Quellen und Darstellungen. Band 1: Frühes und hohes Mittelalter: 750- 1250, Stuttgart 1995, S.324-326.

Heinrich V.: Pactum Heinricianum, in: Oberman, Heiko A.; Ritter, Adolf Martin; Krumwiede, Hans- Walter (Hg.): Kirchen- und Theologiegeschichte in Quellen, Neukirchen- Vluyn, 2001, S.92.

BEI GRIN MACHT SICH IHR WISSEN BEZAHLT

- Wir veröffentlichen Ihre Hausarbeit,
  Bachelor- und Masterarbeit

- Ihr eigenes eBook und Buch -
  weltweit in allen wichtigen Shops

- Verdienen Sie an jedem Verkauf

Jetzt bei www.GRIN.com hochladen
und kostenlos publizieren